compact
music
guides
for ukulele

UKULELE CASE
CHORD
BOOK

FULL-COLOR PHOTOS OF
240 CHORDS

Cover design: Fresh Lemon
Project Editor: David Bradley
Interior photography: Geoff Green
Interior design and layout: Len Vogler

This book Copyright © 2010 by Amsco Publications,

Order No. AM1001550
International Standard Book Number: 978-0-8256-3749-0
HL Item Number: 14037741

Exclusive Distributors for the United States, Canada, Mexico, and U.S. Possessions:
Hal Leonard
777 West Bluemound Road, Milwaukee, WI 53213 USA

EXCLUSIVELY DISTRIBUTED BY

HAL•LEONARD®

Contents

The *Ukulele Case Chord Book* contains 240 of the most useful chord shapes for the ukulele. Chords are arranged by key and by type, making it easy to find just the right chords for your favorite songs.

Each chord is shown in an easy-to-read chord frame, with dots to show you where to place your fingers. A red dot indicates the root of the chord. Below each frame is the chord written in tablature, showing you the strings, frets, and scale degrees for each note of the chord.

To the right of each chord frame and TAB is a photograph of the chord being played on a real ukulele. You may find similar shapes with different fingerings throughout the book. The fingerings given are suggestions only—find the fingerings that are the most comfortable for you to play.

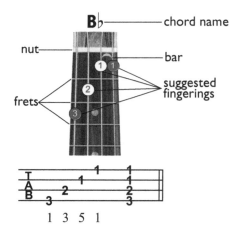

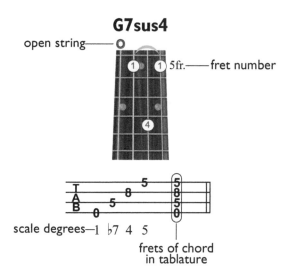

This book uses C tuning:

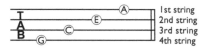

C

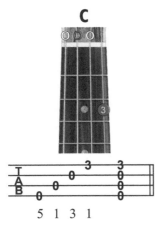 

5 1 3 1

Csus4

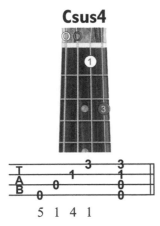 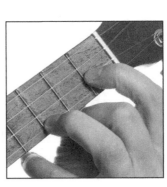

5 1 4 1

Cmaj6

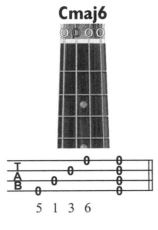 

5 1 3 6

Cmaj6/9

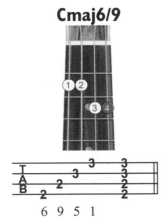 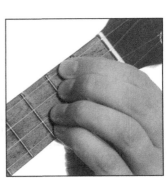

6 9 5 1

C

Cmaj7

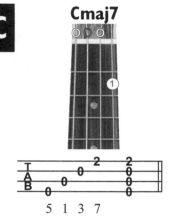

```
T        2    2
A     0       0
B  0  0       0
   0          0
```

5 1 3 7

C Minor

Cm

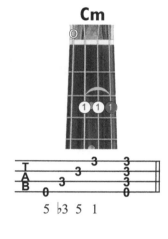

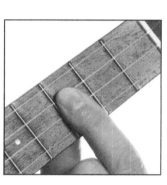

```
T        3    3
A     3       3
B  3          3
   0          0
```

5 ♭3 5 1

Cm6

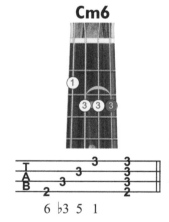

```
T        3    3
A     3       3
B  3          3
   2          2
```

6 ♭3 5 1

Cm7

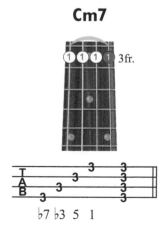

```
T        3    3
A     3       3
B  3          3
   3          3
```

♭7 ♭3 5 1

Cm9

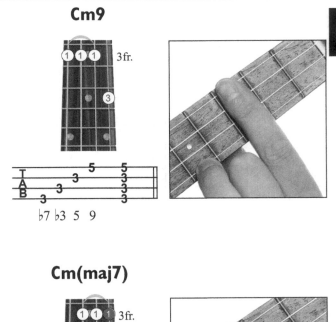

3fr.

```
T        5   5
A      3     3
B    3       3
   3         3
```

♭7 ♭3 5 9

Cm(maj7)

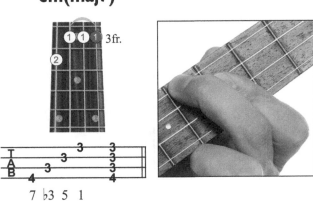

3fr.

```
T        3   3
A      3     3
B    3       3
   4         4
```

7 ♭3 5 1

C Dominant

C7

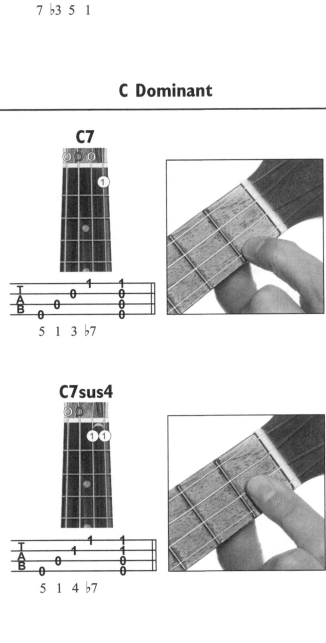

```
T        1   1
A      0     0
B    0       0
   0         0
```

5 1 3 ♭7

C7sus4

```
T        1   1
A      1     1
B    0       0
   0         0
```

5 1 4 ♭7

C7#5

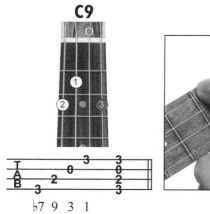

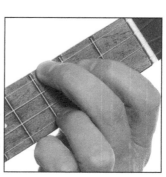

```
T          3  3
A       4     4
B    4        4
   3          3
```
♭7 3 #5 1

C9

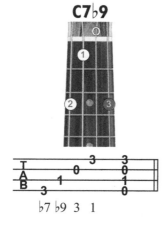

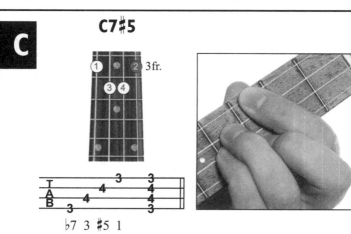

```
T          3  3
A       0     0
B    2        2
   3          3
```
♭7 9 3 1

C7♭9

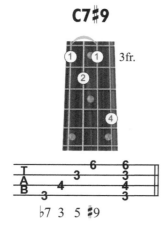

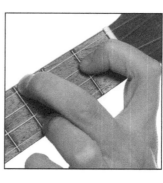

```
T          3  3
A       0     0
B    1        1
   3          0
```
♭7 ♭9 3 1

C7#9

```
T          6  6
A       3     3
B    4        4
   3          3
```
♭7 3 5 #9

C

C7♯5♯9

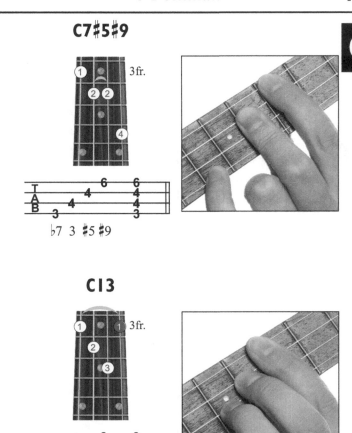

3 fr.

```
T -------6---6
A ----4------4
B --4--------4
  3----------3
```

♭7 3 ♯5 ♯9

C13

3 fr.

```
T -------3---3
A -----5-----5
B ---4-------4
  3----------3
```

♭7 3 13 1

C Diminished

Cm7♭5

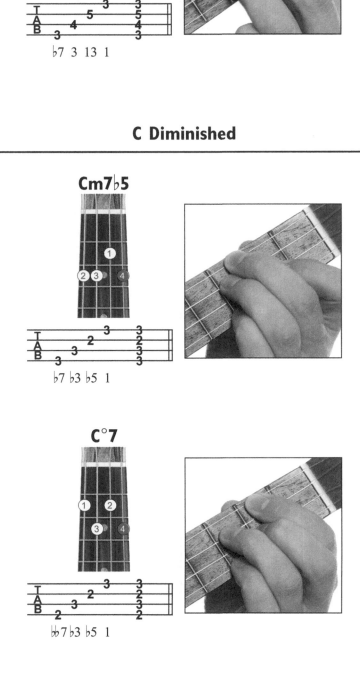

```
T -------3---3
A -----2-----2
B ---3-------3
  3----------3
```

♭7 ♭3 ♭5 1

C°7

```
T -------3---3
A -----2-----2
B ---3-------3
  2----------2
```

♭♭7 ♭3 ♭5 1

Db

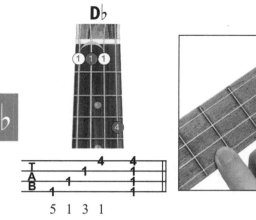

```
T         4    4
A      1       1
B   1          1
    1          1
```
5 1 3 1

Dbsus4

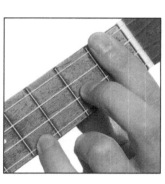

```
T         4    4
A      2       2
B   1          1
    1          1
```
5 1 4 1

Dbmaj6

```
T         1    1
A      1       1
B   1          1
    1          1
```
5 1 3 6

Dbmaj6/9

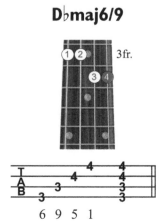

3fr.

```
T         4    4
A      4       4
B   3          3
    3          3
```
6 9 5 1

D♭maj7

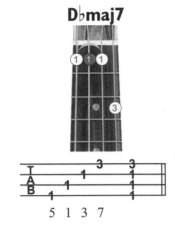

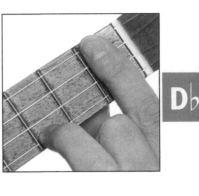

D♭

```
T-----3---3-
A---1-----1-
B-1-------1-
```
5 1 3 7

D♭/C♯ Minor

D♭m

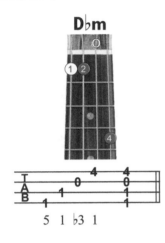

```
T-----4---4-
A---0-----0-
B-1-------1-
  1       1
```
5 1 ♭3 1

D♭m6

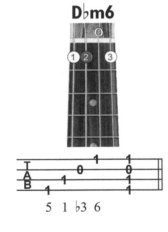

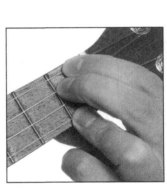

```
T-----1---1-
A---0-----0-
B-1-------1-
  1       1
```
5 1 ♭3 6

D♭m7

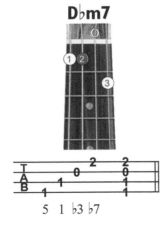

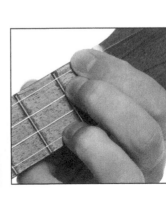

```
T-----2---2-
A---0-----0-
B-1-------1-
  1       1
```
5 1 ♭3 ♭7

Db

Dbm9

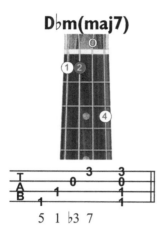

```
T            2   2
A        0       0
B      3         3
     1           1
```
5 9 b3 b7

Dbm(maj7)

```
T            3   3
A        0       0
B      1         1
     1           1
```
5 1 b3 7

Db/C# Dominant

Db7

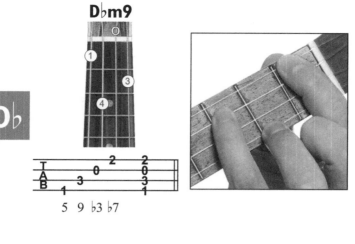

```
T            2   2
A        1       1
B      1         1
     1           1
```
5 1 3 b7

Db7sus4

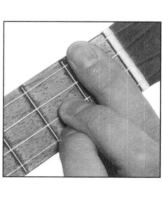

```
T            2   2
A        2       2
B      1         1
     1           1
```
5 1 4 b7

D♭7♯5

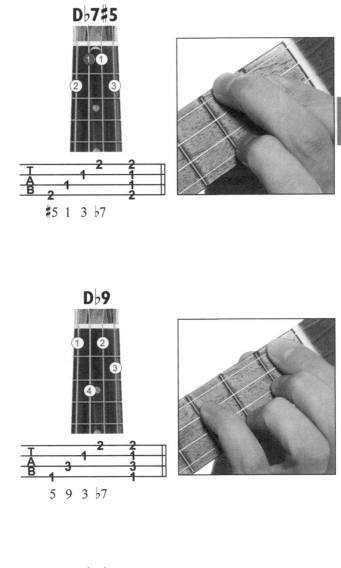

♯5 1 3 ♭7

D♭9

5 9 3 ♭7

D♭7♭9

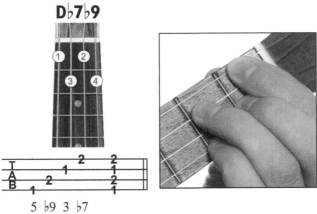

5 ♭9 3 ♭7

D♭7♯9

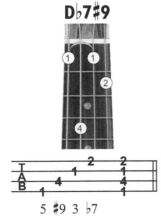

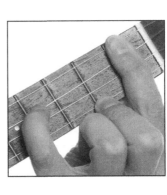

5 ♯9 3 ♭7

D♭

D♭7♯5♯9

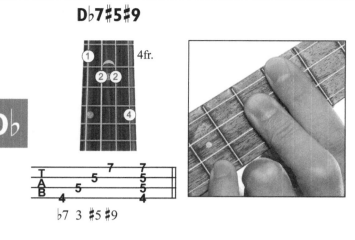

4fr.

```
T        7   7
A      5     7
B    5       5
    4        4
```

♭7 3 ♯5 ♯9

D♭13

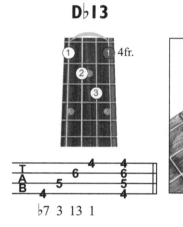

4fr.

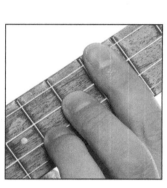

```
T        4   4
A      6     6
B    5       5
    4        4
```

♭7 3 13 1

D♭/C♯ Diminished

D♭m7♭5

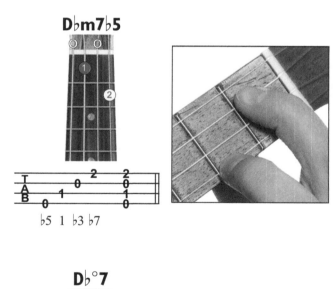

```
T        2   2
A      0     0
B    1       1
    0        0
```

♭5 1 ♭3 ♭7

D♭°7

```
T        1   1
A      0     0
B    1       1
    0        0
```

♭5 1 ♭3 ♭♭7

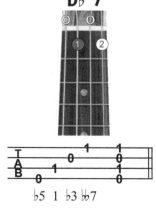

D

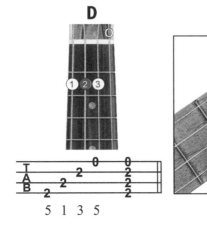

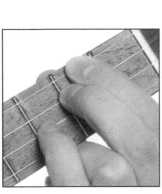

```
T        0   0
A      2     2
B   2 2      2
  2          2
```
5 1 3 5

Dsus4

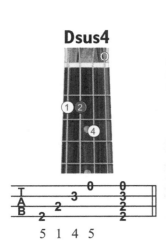

```
T        0   0
A      3     3
B   2 2      2
  2          2
```
5 1 4 5

Dmaj6

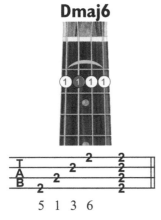

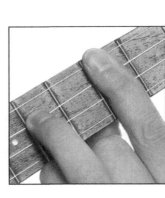

```
T        2   2
A      2     2
B   2 2      2
  2          2
```
5 1 3 6

Dmaj6/9

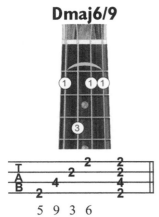

```
T          2   2
A        2     2
B    4 4       4
   2           2
```
5 9 3 6

Dmaj7

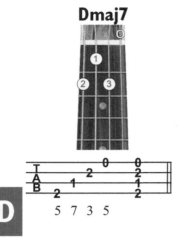

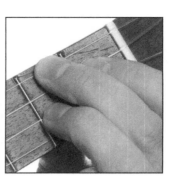

```
T        0   0
A      2     2
B    1       1
    2        2
```

5 7 3 5

D

D Minor

Dm

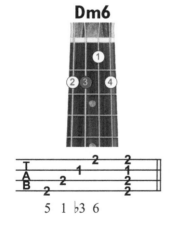

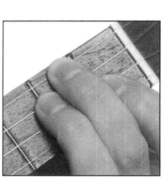

```
T        0   0
A      1     1
B    2       2
    2        2
```

5 1 b3 5

Dm6

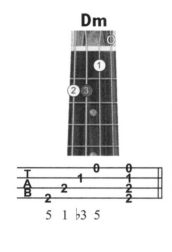

```
T        2   2
A      1     1
B    2       2
    2        2
```

5 1 b3 6

Dm7

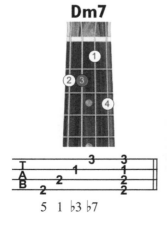

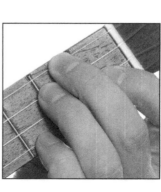

```
T        3   3
A      1     1
B    2       2
    2        2
```

5 1 b3 b7

Dm9

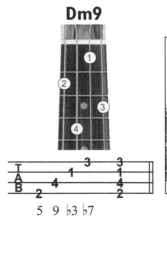

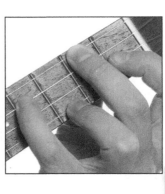

```
T        3   3
A      1     1
B    4       4
     2       2
```

5 9 ♭3 ♭7

Dm(maj7)

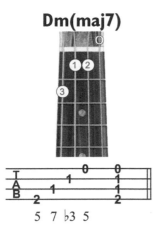

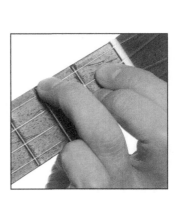

```
T      0   0
A    1     1
B  1       1
   2       2
```

5 7 ♭3 5

D Dominant

D7

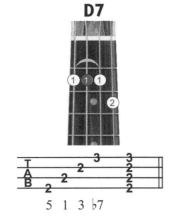

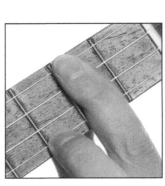

```
T        3   3
A      2     2
B    2       2
   2         2
```

5 1 3 ♭7

D7sus4

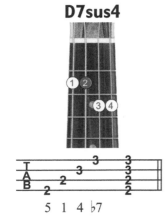

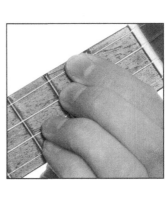

```
T        3   3
A      3     3
B    2       2
   2         2
```

5 1 4 ♭7

D7#5

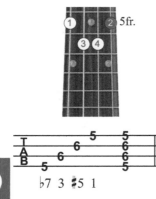

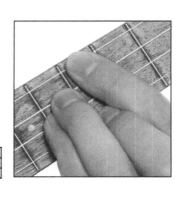

```
T           5   5
A       6       5
A     6         6
B   5           5
```

♭7 3 #5 1

D

D9

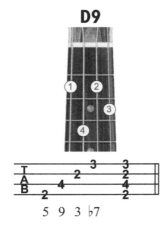

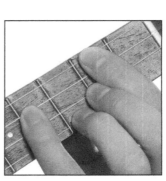

```
T           3   3
A       2       2
A     4         4
B   2           2
```

5 9 3 ♭7

D7♭9

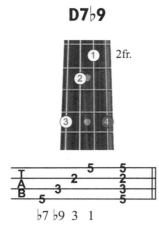

```
T           5   5
A       2       2
A     3         3
B   5           5
```

♭7 ♭9 3 1

D7#9

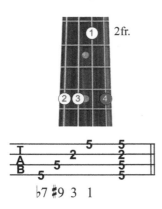

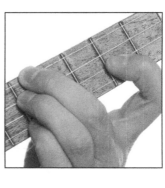

```
T           5   5
A       2       2
A     5         5
B   5           5
```

♭7 #9 3 1

D7#5#9

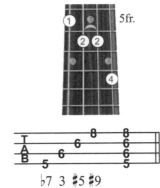

5fr.

```
T        8   8
          6   6
A      6     6
B    5       5
```
b7 3 #5 #9

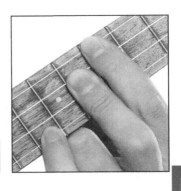

D13

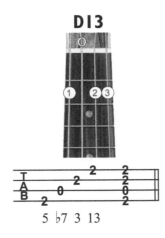

```
T        2   2
        2     2
A    0       0
B  2         2
```
5 b7 3 13

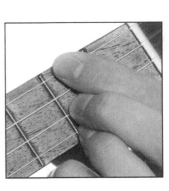

D Diminished

Dm7b5

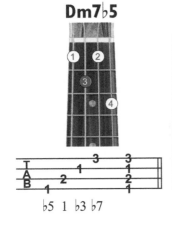

```
T        3   3
      1       1
A    2       2
B  1         1
```
b5 1 b3 b7

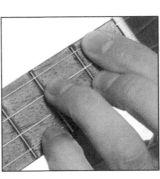

D°7

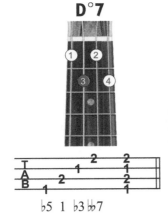

```
T        2   2
      1       1
A    2       2
B  1         1
```
b5 1 b3 bb7

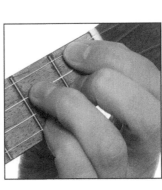

E♭

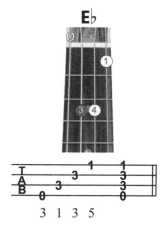

```
T        1     1
A     3        3
B  3           3
   0           0
```

3 1 3 5

E♭

E♭sus4

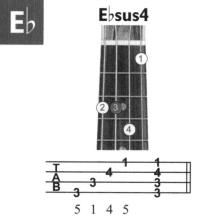

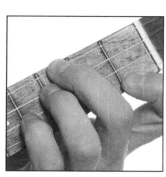

```
T           1     1
A        4        4
B     3           3
   3              3
```

5 1 4 5

E♭maj6

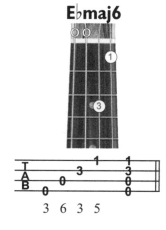

```
T        1     1
A     3        3
B  0           0
   0           0
```

3 6 3 5

E♭maj6/9

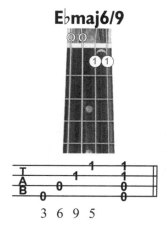

```
T        1     1
A     1        1
B  0           0
   0           0
```

3 6 9 5

E♭maj7

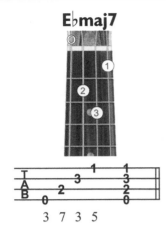
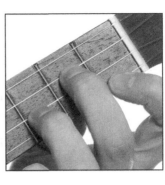

3 7 3 5

E♭/D# Minor

E♭

E♭m

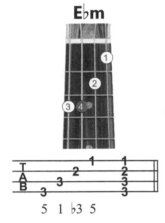

5 1 ♭3 5

E♭m6

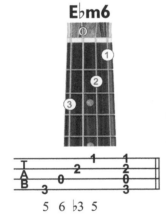
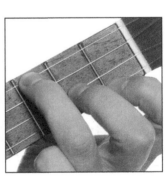

5 6 ♭3 5

E♭m7

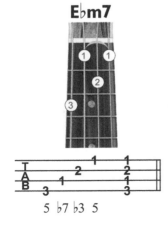
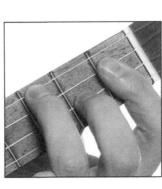

5 ♭7 ♭3 5

E♭m9

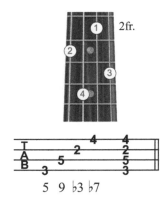

2fr.

```
T          4   4
A      2       2
B    5         5
  3            3
```

5 9 ♭3 ♭7

E♭m(maj7)

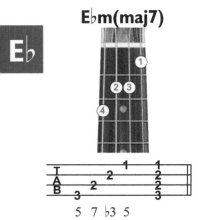

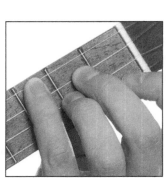

E♭

```
T          1   1
A      2       2
B    2         2
  3            3
```

5 7 ♭3 5

E♭/D♯ Dominant

E♭7

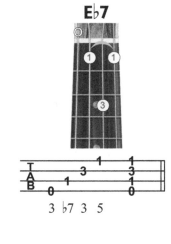

```
T          1   1
A      3       3
B    1         1
  0            0
```

3 ♭7 3 5

E♭7sus4

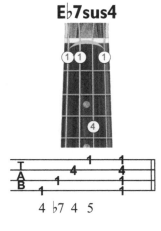

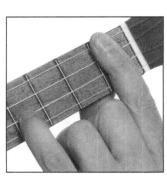

```
T          1   1
A      4       4
B    1         1
  1            1
```

4 ♭7 4 5

E♭7♯5

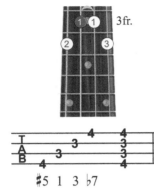

3fr.

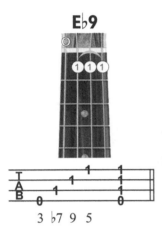

♯5 1 3 ♭7

E♭9

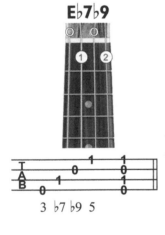

3 ♭7 9 5

E♭7♭9

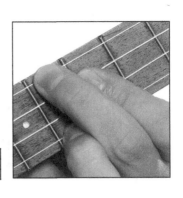

3 ♭7 ♭9 5

E♭7♯9

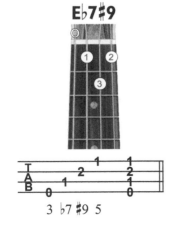

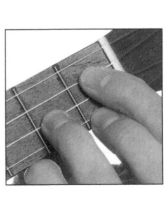

3 ♭7 ♯9 5

E♭7♯9♯5

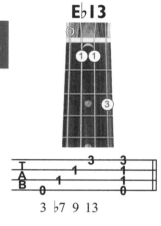

3 ♭7 ♯9 ♯5

E♭13

3 ♭7 9 13

E♭/D♯ Diminished

E♭m7♭5

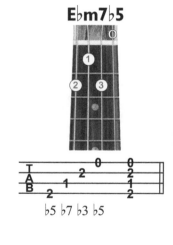

♭5 ♭7 ♭3 ♭5

E♭°7

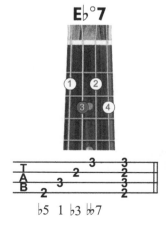

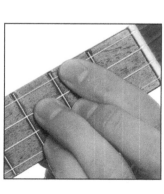

♭5 1 ♭3 ♭♭7

E

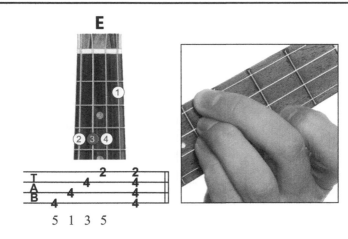

```
T       2   2
A     4     4
B   4       4
  4         4
```

5 1 3 5

Esus4

```
T       2   2
A     5     5
B   4       4
  4         4
```

5 1 4 5

Emaj6

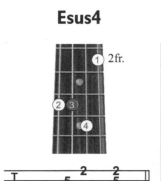

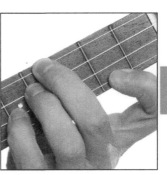

```
T       2   2
A     4     4
B   1       1
  4         4
```

5 6 3 5

Emaj6/9

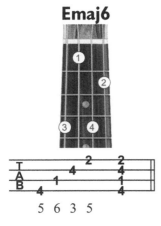

```
T       2   2
A     2     2
B   1       1
  1         1
```

3 6 9 5

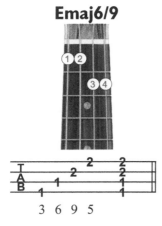

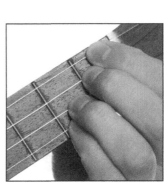

Emaj7

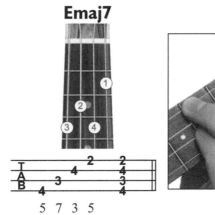

```
T       2   2
A     4     4
B   3       3
  4         4
```

5 7 3 5

E Minor

E

Em

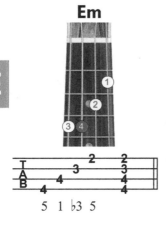

```
T       2   2
A     3     3
B   4       4
  4         4
```

5 1 b3 5

Em6

3fr.

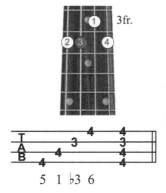

```
T       4   4
A     3     3
B   4       4
  4         4
```

5 1 b3 6

Em7

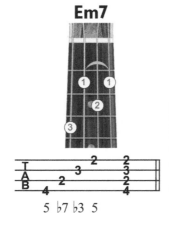
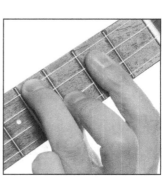

```
T       2   2
A     3     3
B   2       2
  4         4
```

5 b7 b3 5

Em9

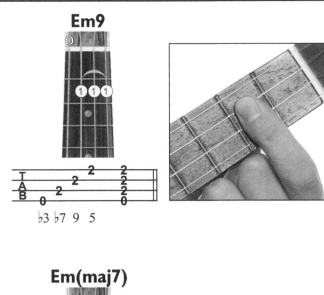

b3 b7 9 5

Em(maj7)

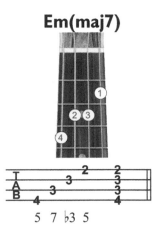

5 7 b3 5

E

E Dominant

E7

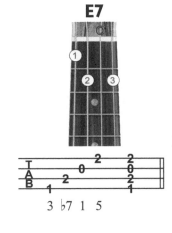

3 b7 1 5

E7sus4

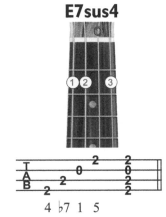
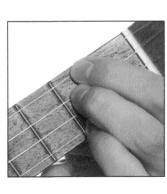

4 b7 1 5

E7#5

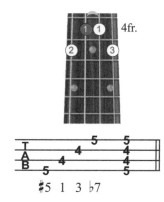

#5   1   3   b7

E9

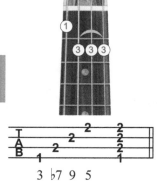

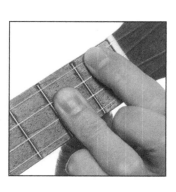

3   b7   9   5

E

E7b9

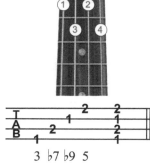

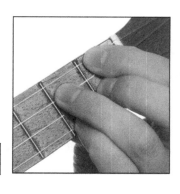

3   b7   b9   5

E7#9

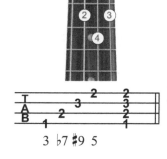

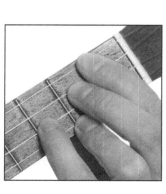

3   b7   #9   5

E7#9#5

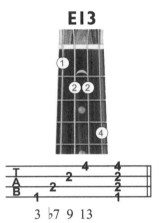
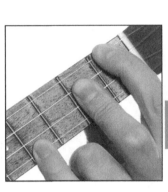

3 b7 #9 #5

E13

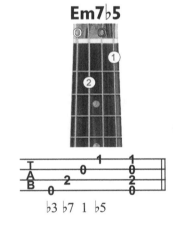

3 b7 9 13

E Diminished

Em7b5

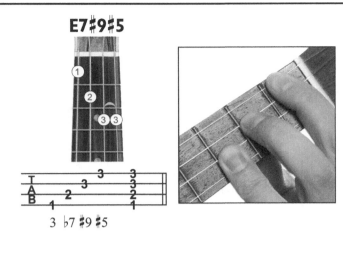
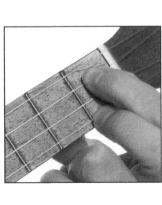

b3 b7 1 b5

E°7

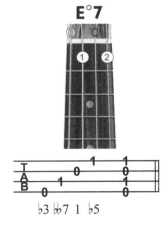

b3 bb7 1 b5

E

F

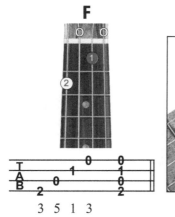

```
T          0   0
A      1
B  0           0
   2           2
```

3 5 1 3

Fsus4

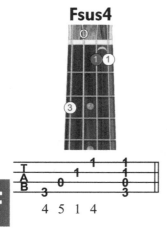
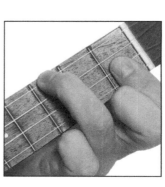

```
T          1   1
A      1
B  0           0
   3           3
```

4 5 1 4

F

Fmaj6

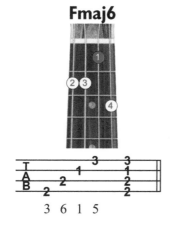
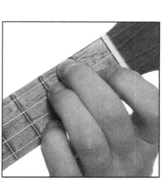

```
T          3   3
A      1       1
B  2           2
   2           2
```

3 6 1 5

Fmaj6/9

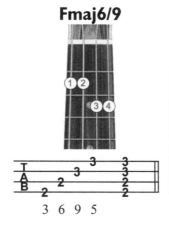
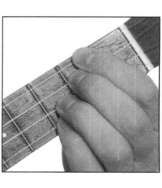

```
T          3   3
A      3       3
B  2           2
   2           2
```

3 6 9 5

Fmaj7

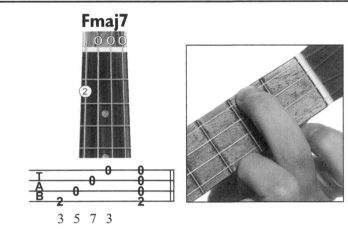

3 5 7 3

Fm

♭3 5 1 5

Fm6

♭3 6 1 5

Fm7

♭3 ♭7 1 5

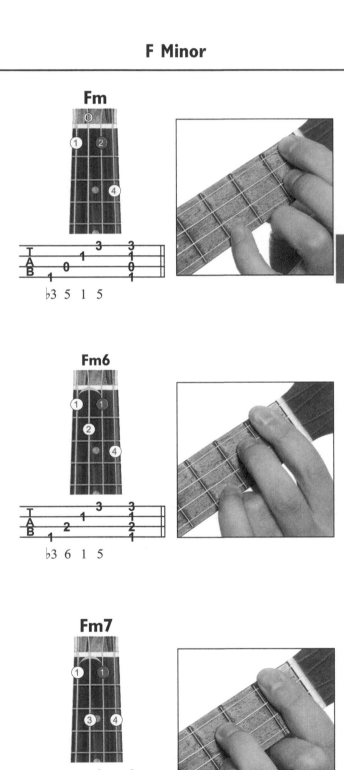

F

Fm9

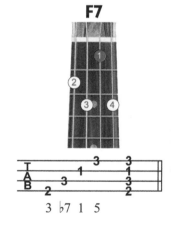

```
T       3   3
A     4     4
B   3       3
  0         0
```

9 ♭7 ♭3 5

Fm(maj7)

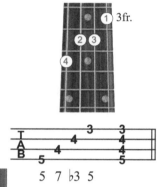

3fr.

```
T       3   3
A     4     4
B   4       4
  5         5
```

5 7 ♭3 5

F

F Dominant

F7

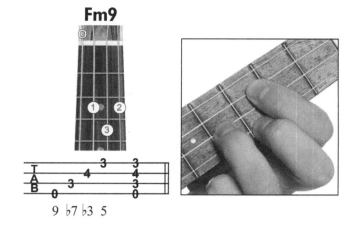

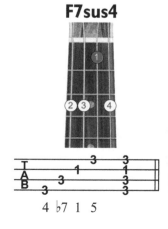

```
T       3   3
A     1     1
B   3       3
  2         2
```

3 ♭7 1 5

F7sus4

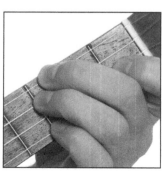

```
T       3   3
A     1     1
B   3       3
  3         3
```

4 ♭7 1 5

F7#5

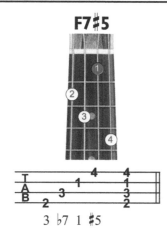

```
T        4   4
A      1     1
B    3       1
   2         2
```

3 b7 1 #5

F9

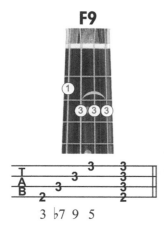
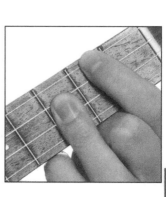

```
T        3   3
A      3     3
B    3       3
   2         2
```

3 b7 9 5

F

F7b9

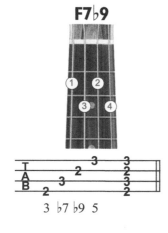
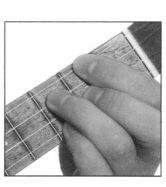

```
T        3   3
A      2     2
B    3       3
   2         2
```

3 b7 b9 5

F7#9

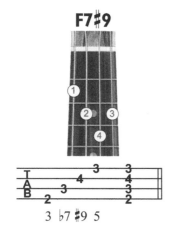
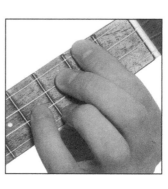

```
T        3   3
A      4     4
B    3       3
   2         2
```

3 b7 #9 5

F7♯9♯5

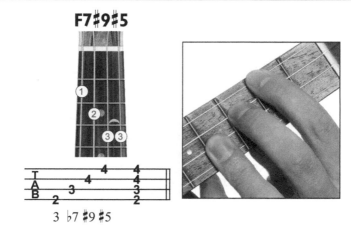

```
T        4   4
A     4      4
B   3        3
  2          2
```
3 ♭7 ♯9 ♯5

F13

2fr.

```
T        5   5
A     3      3
B   3        3
  2          2
```
3 ♭7 9 13

F

F Diminished

Fm7♭5

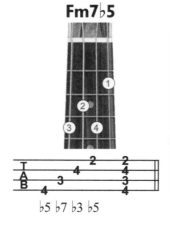

```
T        2   2
A     4      4
B   3        3
  4          4
```
♭5 ♭7 ♭3 ♭5

F°7

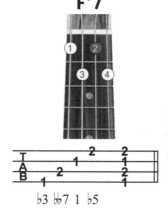

```
T        2   2
A     1      1
B   2        2
  1          1
```
♭3 ♭♭7 1 ♭5

F♯

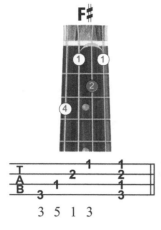

```
T            1   1
A        2       2
B     1          2
   3             3
```
3 5 1 3

F♯sus4

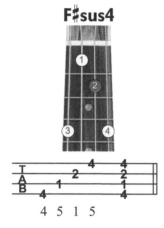

```
T            4   4
A        2       2
B     1          1
   4             4
```
4 5 1 5

F♯maj6

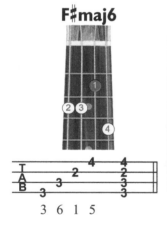

```
T            4   4
A        2       2
B     3          3
   3             3
```
3 6 1 5

F♯maj6/9

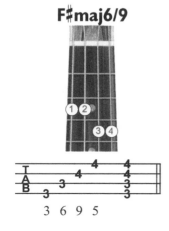

```
T            4   4
A        4       4
B     3          3
   3             3
```
3 6 9 5

F♯maj7

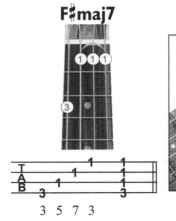
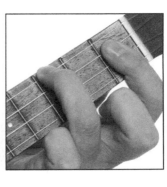

```
T        1   1
A      1     1
B    1       1
   3         3
```
3　5　7　3

F♯/G♭ Minor

F♯m

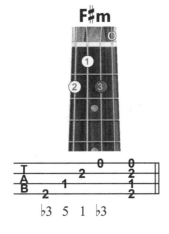

```
T        0   0
A      2     2
B    1       1
   2         2
```
♭3　5　1　♭3

F♯m6

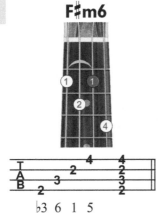

```
T        4   4
A      2     2
B    3       3
   2         2
```
♭3　6　1　5

F♯m7

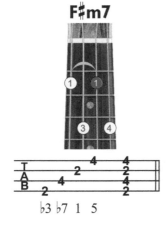
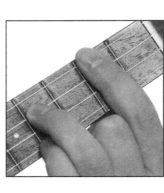

```
T        4   4
A      2     2
B    4       4
   2         2
```
♭3　♭7　1　5

F#m9

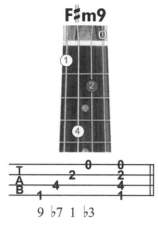

```
T         0   0
A     2       2
B   4         4
  1           1
```
9 b7 1 b3

F#m(maj7)

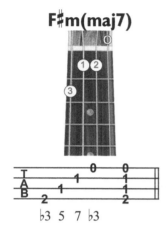

```
T         0   0
A     1       1
B   1         1
  2           2
```
b3 5 7 b3

F#/Gb Dominant

F#7

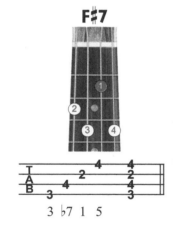

```
T         4   4
A     2       2
B   4         4
  3           3
```
3 b7 1 5

F#7sus4

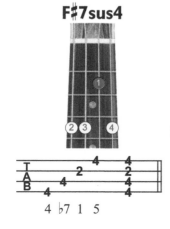

```
T         4   4
A     2       2
B   4         4
  4           4
```
4 b7 1 5

F#7#5

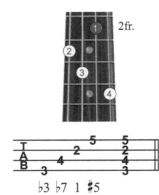

2fr.

```
T        5   5
A      2     2
B    4       4
    3        3
```

♭3 ♭7 1 #5

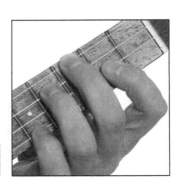

F#9

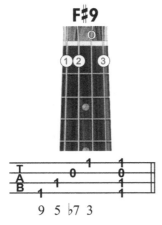

```
T      1   1
A    0     0
B  1       1
   1       1
```

9 5 ♭7 3

 F#

F#7♭9

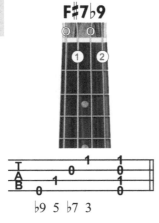

```
T      1   0
A    0     0
B  1       1
   0       0
```

♭9 5 ♭7 3

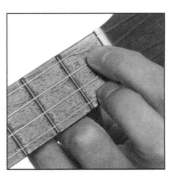

F#7#9

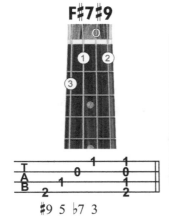

```
T      1   1
A    0     0
B  1       1
   2       2
```

#9 5 ♭7 3

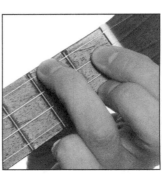

F#7#9#5

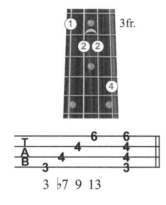

```
T-------5---5-
A-----5-----5-
B---4-------4-
--3---------3-
```

3 b7 #9 #5

F#13

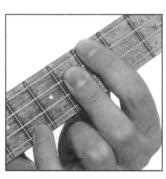

```
T-------6---6-
A-----4-----4-
B---4-------4-
--3---------3-
```

3 b7 9 13

F#/Gb Diminished

F#

F#m7b5

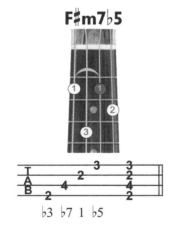

```
T-------3---3-
A-----2-----2-
B---4-------4-
--2---------2-
```

b3 b7 1 b5

F#°7

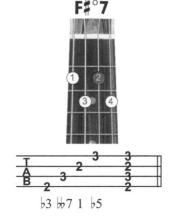
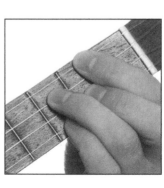

```
T-------3---3-
A-----2-----2-
B---3-------3-
--2---------2-
```

b3 bb7 1 b5

G

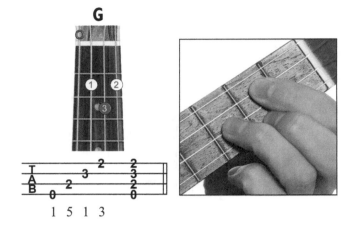

```
T        2    2
          3   3
A     2      2
B  0         0
```

1 5 1 3

Gsus4

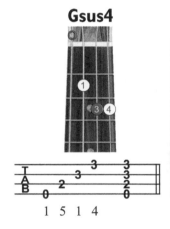

```
T        3    3
          3   3
A     2      2
B  0         0
```

1 5 1 4

G

Gmaj6

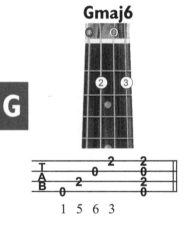

```
T        2    2
      0      0
A   2        2
B  0         0
```

1 5 6 3

Gmaj6/9

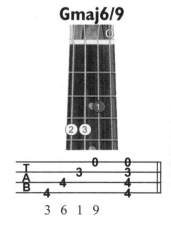

```
T        0    0
        3    3
A    4       4
B  4         4
```

3 6 1 9

Gmaj7

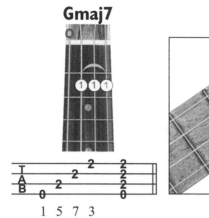

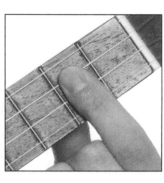

```
T        2   2
A      2     2
B    0       0
     1 5 7 3
```

G Minor

Gm

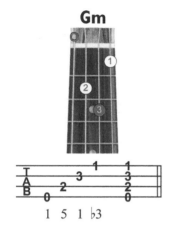

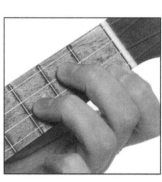

```
T          1   1
A      3       3
B    2         2
   0           0
   1 5 1 b3
```

Gm6

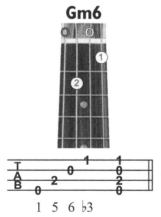

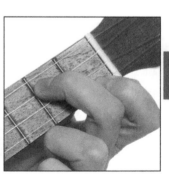

```
T          1   1
A      0       0
B    2         2
   0           0
   1 5 6 b3
```

G

Gm7

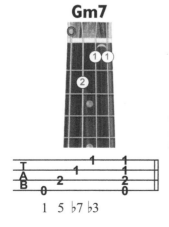

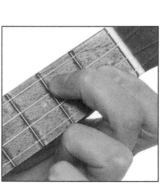

```
T          1   1
A      1       1
B    2         2
   0           0
   1 5 b7 b3
```

Gm9

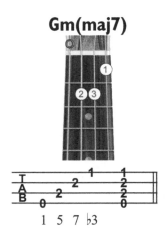

```
T           0       0
A         1         1
B       2           2
      3             3
```

♭3 5 ♭7 9

Gm(maj7)

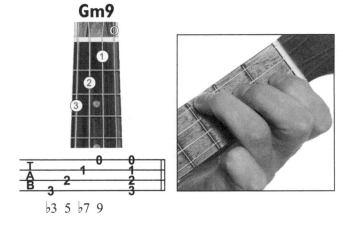

```
T           1       1
A         2         2
B       2           2
      0             0
```

1 5 7 ♭3

G Dominant

G7

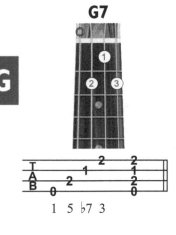

```
T           2       2
A         1         1
B       2           2
      0             0
```

1 5 ♭7 3

G7sus4

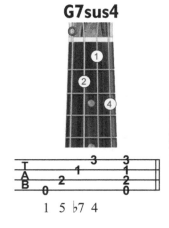

```
T           3       3
A         1         1
B       2           2
      0             0
```

1 5 ♭7 4

G

G7♯5

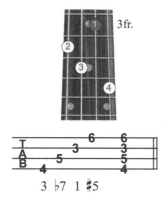

```
T        6   6
A      3 3
B    5     5
    4     4
```

3 ♭7 1 ♯5

G9

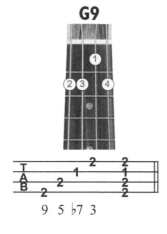
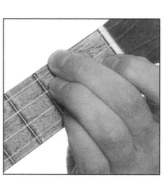

```
T       2   2
A     1     1
B   2       2
  2         2
```

9 5 ♭7 3

G7♭9

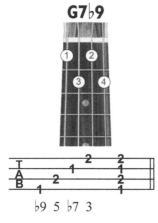
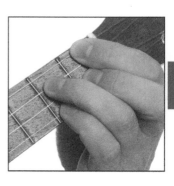

```
T       2   2
A     1     1
B   2       2
  1         1
```

♭9 5 ♭7 3

G7♯9

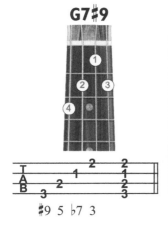

```
T       2   2
A     1     1
B   2       2
  3         3
```

♯9 5 ♭7 3

G7♯9♯5

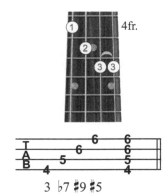

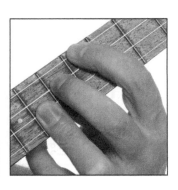

4fr.

```
T------6---6-
A---6------6-
B-5--------5-
--4--------4-
```

3 b7 #9 #5

G13

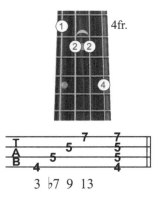

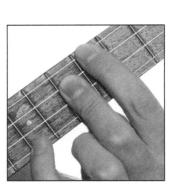

4fr.

```
T-----7---7-
A---5-----5-
B-5-------5-
--4-------4-
```

3 b7 9 13

G Diminished

G

Gm7♭5

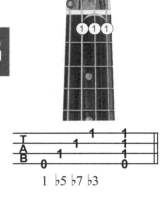

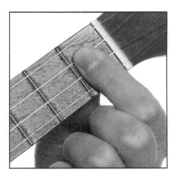

```
T----1---1-
A--1-----1-
B-1------1-
-0-------0-
```

1 b5 b7 b3

G°7

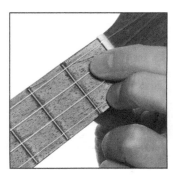

```
T----1---1-
A--0-----0-
B-1------1-
-0-------0-
```

1 b5 bb7 b3

Ab

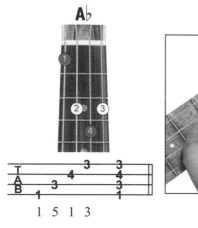
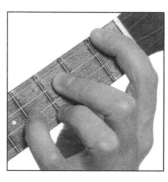

1 5 1 3

Absus4

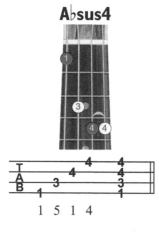
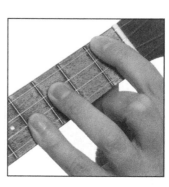

1 5 1 4

Abmaj6

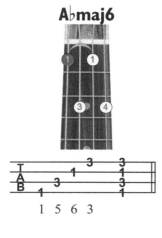
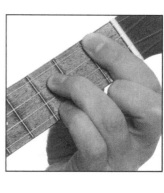

1 5 6 3

Ab

Abmaj6/9

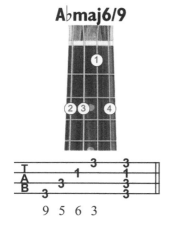

9 5 6 3

A♭maj7

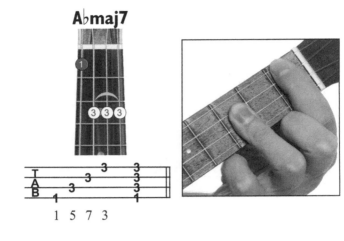

1 5 7 3

A♭/G♯ Minor

A♭m

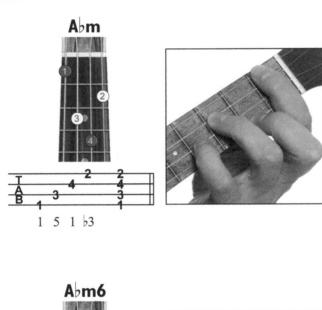

1 5 1 ♭3

A♭m6

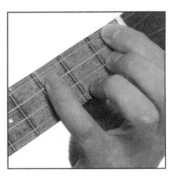
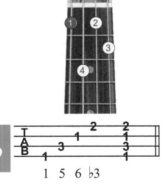

A♭

1 5 6 ♭3

A♭m7

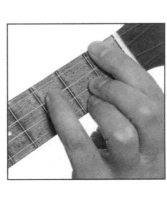
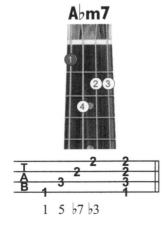

1 5 ♭7 ♭3

Abm9

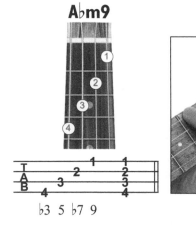
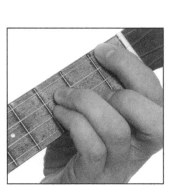

```
T         1   1
A     2       2
B   3         3
  4           4
```
b3 5 b7 9

Abm(maj7)

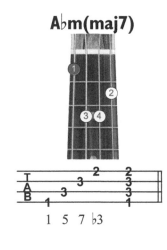
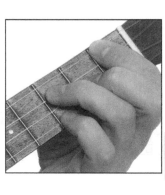

```
T       2   2
A     3     3
B   3       3
  1         1
```
1 5 7 b3

Ab/G# Dominant

Ab7

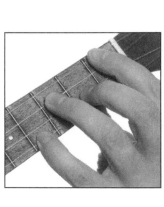

```
T       3   3
A     2     2
B   3       3
  1         1
```
1 5 b7 3

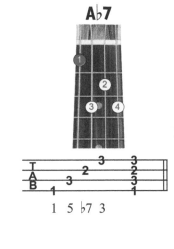

Ab

Ab7sus4

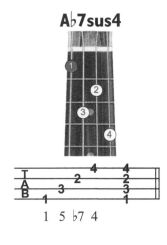

```
T       4   4
A     2     2
B   3       3
  1         1
```
1 5 b7 4

Ab7#5

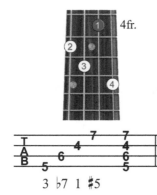
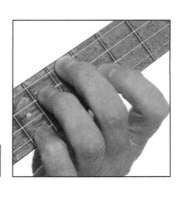

4fr.

```
T----------7---7--
A------4-------4--
B----6---------6--
----5----------5--
```

3 b7 1 #5

Ab9

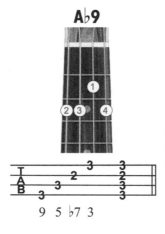
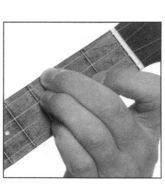

```
T----------3---3--
A------2-------2--
B----3---------3--
----3----------3--
```

9 5 b7 3

Ab7b9

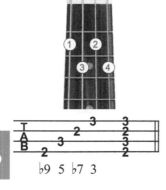

Ab

```
T----------3---3--
A------2-------2--
B----3---------3--
----2----------2--
```

b9 5 b7 3

Ab7#9

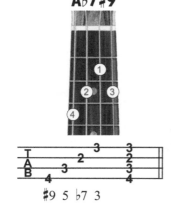

```
T----------3---3--
A------2-------2--
B----3---------3--
----4----------4--
```

#9 5 b7 3

Ab7#9#5

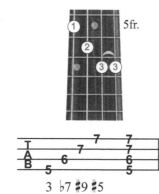

5fr.

```
T        7   7
A      7     7
B    6       6
   5         5
```

3 b7 #9 #5

Ab13

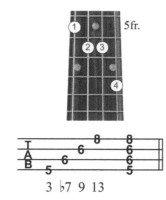

5fr.

```
T          8   8
A        6     6
B      6       6
     5         5
```

3 b7 9 13

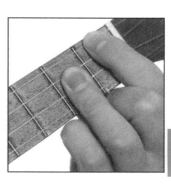

Ab/G# Diminished

Abm7b5

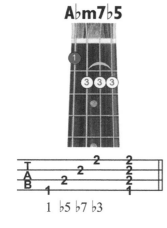

```
T          2   2
A        2     2
B      2       2
     1         1
```

1 b5 b7 b3

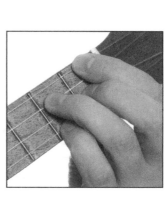

Ab

Ab°7

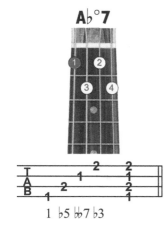

```
T          2   2
A        1     2
B      2       2
     1         1
```

1 b5 bb7 b3

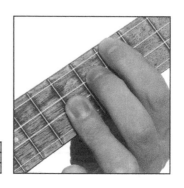

A

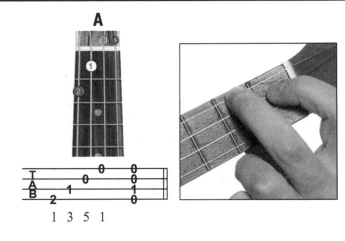

```
T           0   0
A       0       0
B     1         0
    2           0
```
1 3 5 1

Asus4

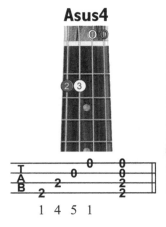

```
T           0   0
A       0       0
B     2         2
    2           2
```
1 4 5 1

Amaj6

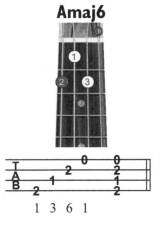

```
T           0   2
A       2       2
B     1         1
    2           2
```
1 3 6 1

Amaj6/9

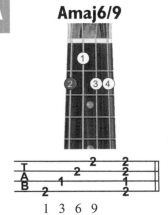

```
T           2   2
A       2       2
B     1         1
    2           2
```
1 3 6 9

Amaj7

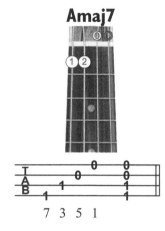

```
T        0  0
A     0     
B   1       1
  1         1
  7  3  5  1
```

A Minor

Am

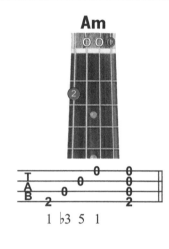

```
T        0  0
A     0     0
B   0       0
  2         2
  1 b3 5  1
```

Am6

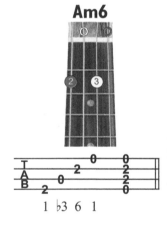

```
T        0  0
A     2     2
B   0       2
  2         0
  1 b3 6  1
```

Am7

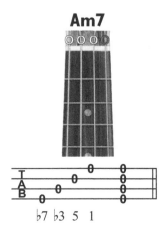

```
T        0  0
A     0     0
B   0       0
  0         0
  b7 b3 5  1
```

A

Am9

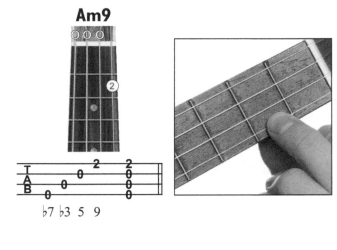

```
T        2    2
         0    0
A    0   0    0
B  0          0
```
♭7 ♭3 5 9

Am(maj7)

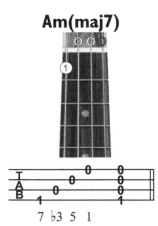

```
T        0    0
     0   0    0
A  0     0    0
B  1          1
```
7 ♭3 5 1

A Dominant

A7

```
T        0    0
     0   0    0
A    1        1
B  0          0
```
♭7 3 5 1

A7sus4

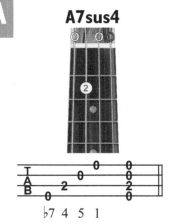

```
T        0    0
     0   0    0
A    2        2
B  0          0
```
♭7 4 5 1

A

A7#5

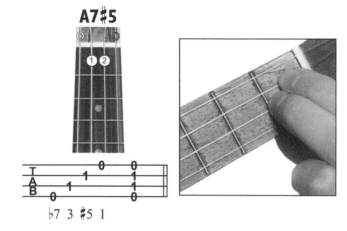

```
T----------0---0
A------1--------1
A----1----------
B--0---------0--
```

b7 3 #5 1

A9

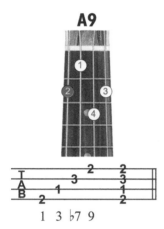
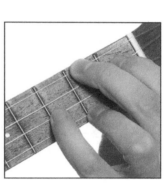

```
T---------2---2
A------3------3
A----1--------1
B--2---------2
```

1 3 b7 9

A7b9

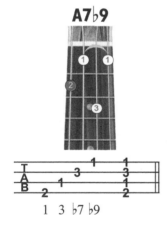

```
T---------1---1
A------3------3
A----1--------1
B--2---------2
```

1 3 b7 b9

A

A7#9

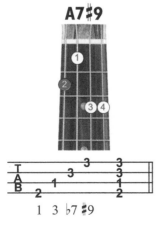
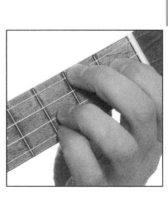

```
T---------3---3
A------3------3
A----1--------1
B--2---------2
```

1 3 b7 #9

A7♯5♭9

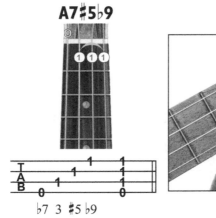

```
T         1   1
A     1       1
B 0           1
  0           0
```

♭7 3 ♯5 ♭9

A13

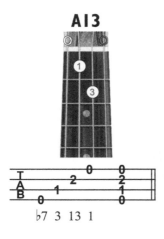

```
T         0   0
A     2       2
B 0   1       1
  0           0
```

♭7 3 13 1

A Diminished

Am7♭5

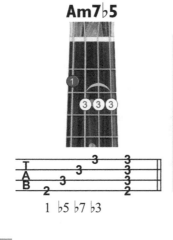

```
T         3   3
A     3       3
B 2   3       3
  2           2
```

1 ♭5 ♭7 ♭3

A°7

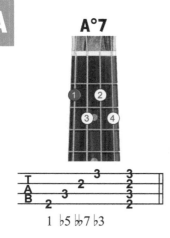

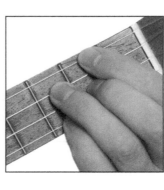

```
T         3   3
A     2       2
B 2   3       3
  2           2
```

1 ♭5 ♭♭7 ♭3

Bb

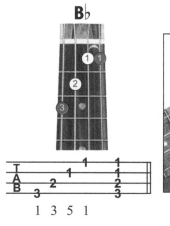

```
T          1   1
A      1       1
B    2         2
   3           3
```

1 3 5 1

Bbsus4

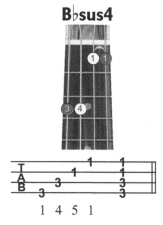

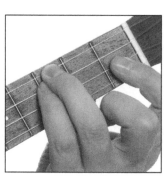

```
T          1   1
A      1       1
B    3         3
   3           3
```

1 4 5 1

Bbmaj6

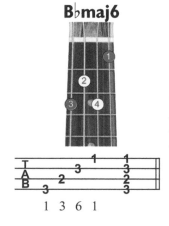

```
T        3 1   1
A      2       2
B    3         3
   3           3
```

1 3 6 1

Bbmaj6/9

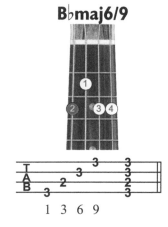

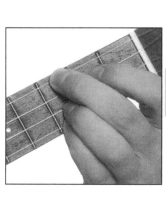

```
T        3 3   3
A      3       3
B    2         2
   3           3
```

1 3 6 9

Bb

Bbmaj7

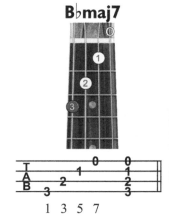

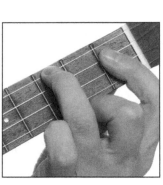

```
T        0   0
A     1      2
   2         2
B  3         3
   1  3  5  7
```

Bb/A# Minor

Bbm

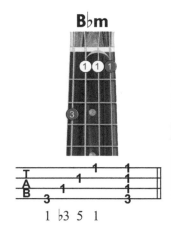

```
T        1   1
A     1      1
   1         1
B  3         3
   1  b3 5   1
```

Bbm6

```
T        1   1
A     1      1
   1         1
B  0         0
   6  b3 5   1
```

Bbm7

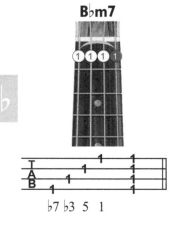

```
T        1   1
A     1      1
   1         1
B  1         1
   b7 b3 5  1
```

Bb

B♭m9

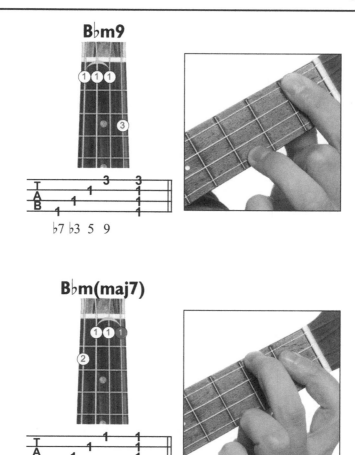

```
T         3   3
A       1     1
B     1       1
    1         1
   ♭7 ♭3 5  9
```

B♭m(maj7)

```
T           1   1
A         1     1
B       2       2
       7 ♭3 5  1
```

B♭/A♯ Dominant

B♭7

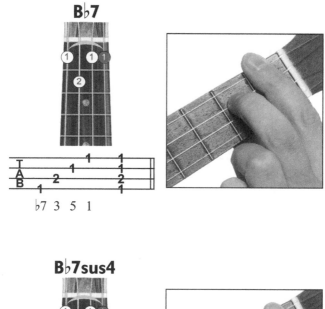

```
T           1   1
A         2     1
B       1       2
              1
       ♭7 3 5  1
```

B♭7sus4

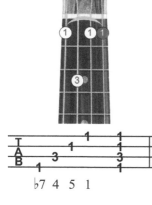

```
T         1   1
A       1     1
B     3       3
    1         1
   ♭7 4  5  1
```

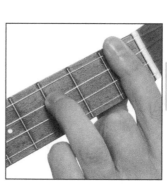

B♭

Bb7#5

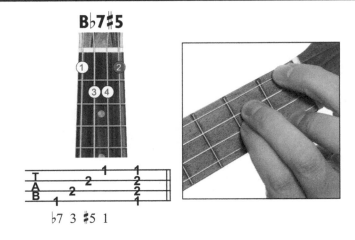

```
T          1   1
A      2   2   2
B  1       1   1
```
b7 3 #5 1

Bb9

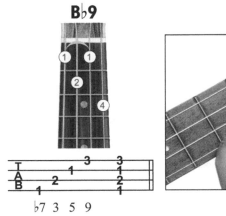

```
T          3   3
A      1   2   1
B  1   2   2   2
   1       1
```
b7 3 5 9

Bb7b9

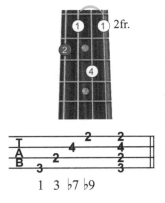 2fr.

```
T          2   2
A      4   4   4
B      2   2   2
   3       3
```
1 3 b7 b9

Bb7#9

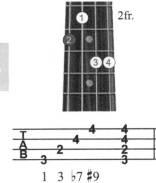 2fr.

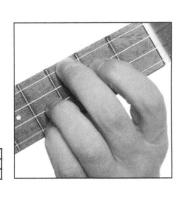

```
T          4   4
A      4   4   4
B  2   2   2   2
   3       3
```
1 3 b7 #9

Bb7#5#9

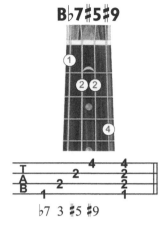

```
T---------4----4--
A-----2--------2--
B---2----------2--
  1------------1--
```

b7 3 #5 #9

Bb13

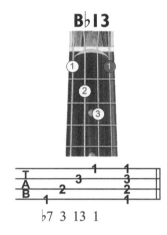

```
T---------1----1--
A-----3--------3--
B---2----------2--
  1------------1--
```

b7 3 13 1

Bb/A# Diminished

Bbm7b5

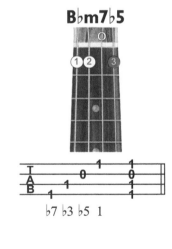

```
T---------1----1--
A-----0--------0--
B---1----------1--
  1------------1--
```

b7 b3 b5 1

Bb°7

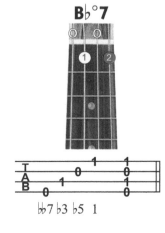

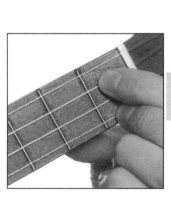

```
T---------1----1--
A-----0--------0--
B---1----------1--
  0------------0--
```

bb7 b3 b5 1

Bb

B

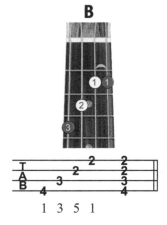

```
   T              2    2
   A          2        2
   B       3            3
        4               4
```

1 3 5 1

Bsus4

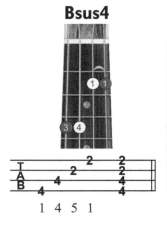

```
   T              2    2
   A          2        2
   B       4            4
        4               4
```

1 4 5 1

Bmaj6

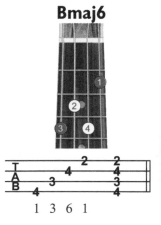

```
   T              2    2
   A          4        4
   B       3            3
        4               4
```

1 3 6 1

Bmaj6/9

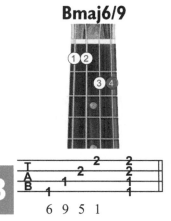

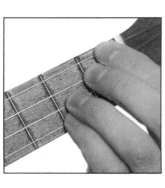

```
   T              2    2
   A          2        2
   B       1            1
        1               1
```

6 9 5 1

B

Bmaj7

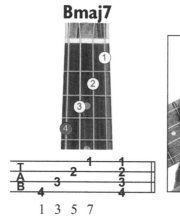

1 3 5 7

B Minor

Bm

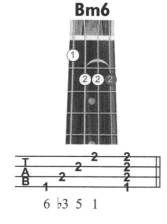

1 ♭3 5 1

Bm6

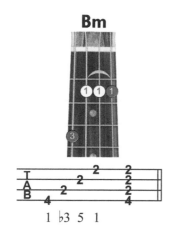

6 ♭3 5 1

Bm7

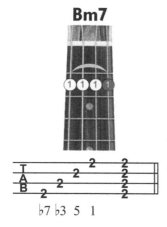

♭7 ♭3 5 1

B

Bm9

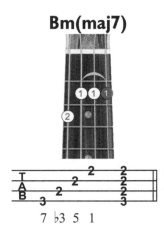

```
T       4   4
A     2     2
B   2       2
  2         2
```
♭7 ♭3 5 9

Bm(maj7)

```
T       2   2
A     2     2
B   2       2
  3         3
```
7 ♭3 5 1

B Dominant

B7

```
T       2   2
A     2     2
B   3       3
  2         2
```
♭7 3 5 1

B7sus4

```
T       2   2
A     2     2
B   4       4
  2         2
```
♭7 4 5 1

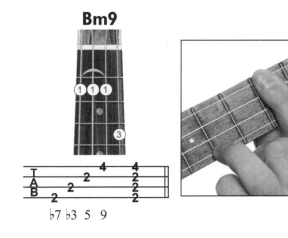

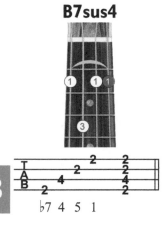

B

B7#5

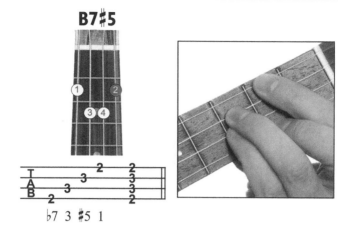

♭7   3   #5   1

B9

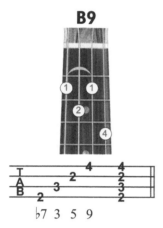

♭7   3   5   9

B7♭9

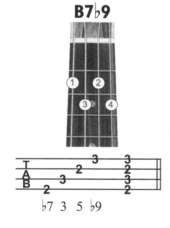

♭7   3   5   ♭9

B7#9

2fr.

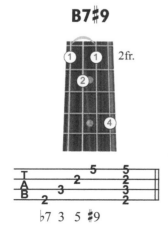
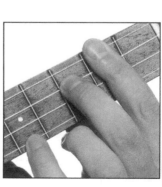

♭7   3   5   #9

B

B7♯5♯9

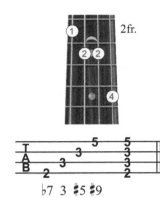

2fr.

♭7   3   ♯5   ♯9

B13

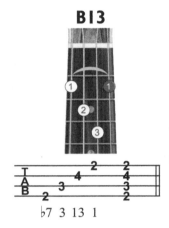

♭7   3   13   1

B Diminished

Bm7♭5

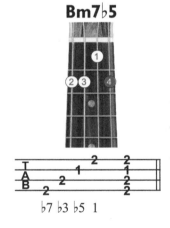

♭7   ♭3   ♭5   1

B°7

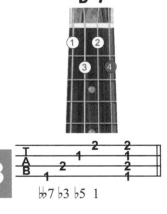

♭♭7   ♭3   ♭5   1

B